LWS Easy-Buchreihe
(Sachbuch- und Ratgeberreihe)

Lothar W. Schmidt

Mathematik – schnell kapiert!

Mathematik der Sekundarstufe 1

Der jederzeit hilfreiche Mathe-Helfer

Handliches Lernbuch und Nachschlagewerk
in Schule und Beruf

Die ideale Lernhilfe für Schüler
Mit Checkliste:
„So lernt man lernen"

Einfacher geht's nicht!

LWS Easy-Buchreihe

Hinweis:

Autor und Mitarbeiter haben größte Mühe darauf verwandt, die Angaben in diesem Werk korrekt und nach modernen Erkenntnissen zu gestalten. Das Ergebnis ist ein Handbuch, das jederzeit ein zügiges Nachschlagen ermöglicht und auch im Schulunterricht ein unentbehrlicher Begleiter ist. Dieses Handbuch ist somit eine ständig griffbereite Lernhilfe. Für die in diesem Werk gemachten Angaben kann jedoch keine Gewähr übernommen werden. Der Benutzer dieses Werkes ist dazu aufgefordert, Angaben in diesem Werk ggf. zu überprüfen und eigenverantwortlich nach weiteren Gestaltungsmöglichkeiten zu suchen. Autor und Verlag wünschen sich, dass dieses Handbuch oft zum erfolgreichen Einsatz kommen wird und dabei hilft, den Schulalltag als auch die Arbeit im Büro zu erleichtern.

Impressum:

© 2003 LWS Easy-Buchreihe
Brigitta Schmidt Verlag, Essen
Herstellung: Books on Demand GmbH

Alle Rechte bei der LWS Easy-Buchreihe!

ISBN 3-8311-0874-9

Autor

Lothar W. Schmidt

Kontaktaufnahme unter der eMail:
lothar.w.schmidt@uni.de
Wir im WEB: www.lws-easy-buchreihe.de

Weitere Titel der LWS Easy-Buchreihe, Abteilung Bildung

Deutsch-Profi
Rechtschreibung und Grammatik

Deutsch-Profi (demnächst)
Aufsatz und Stilschreiben

Deutsche Rechtschreibung – schnell kapiert!
lernpädagogisch sinnvoll!

Deutsche Grammatik – schnell kapiert!
lernpädagogisch sinnvoll!

Klausuren und Prüfungen ohne Ängste schreiben
Mit gezielten Strategien Prüfungsängste überwinden

Immer ganz cool bleiben
Selbstbewusst und erfolgreich leben

Inhaltsverzeichnis

1. Die Zahlenbereiche/-arten

1.1 Die natürlichen Zahlen

Als natürliche Zahlen bezeichnet man **Zahlen, die man zum Abzählen von Mengen gebraucht.** Die Zahl EINS bildet die Einheit der Zahlen. Fügt man zur EINS eine weitere Einheit hinzu, so entsteht die Zahl ZWEI. Demnach lassen sich nach diesem Verfahren beliebig viele natürliche Zahlen bilden.

Vergleiche: 1, 2, 3, 4, 5, 6, 7, 8, 9, 10, 11, 12, ...

💣 Die Menge der natürlichen Zahlen bezeichnet man mit **N**.

Vergleiche: **N** = { 1, 2, 3, 4, 5, ...}

💣 Nimmt man die 0 zur Menge der natürlichen Zahlen hinzu, so erhält man die Menge N_0.

Vergleiche: N_0 = { 0, 1, 2, 3, 4, 5, ...}

💣 Oftmals lassen sich die natürlichen Zahlen aufgrund ihrer Größe kaum noch überblicken. Es empfiehlt sich daher, jeweils drei Stellen (von rechts nach links) durch einen Punkt abzusetzen.

Beispiele:	1 Tausend	= 1.000
	1 Million	= 1.000.000
	1 Milliarde	= 1.000.000.000
	1 Billion	= 1.000.000.000.000
	1 Billiarde	= 1.000.000.000.000.000

💣 Für die Darstellung von z. B. „2 ist kleiner als 3"
oder „3 ist größer als 2" gilt folgende Schreibweise:

Beispiel: 2 < 3, 3 > 2

1.2   Ganze und rationale Zahlen

Als ganze Zahlen bezeichnet man die **mit den Vorzeichen + und – versehenen natürlichen Zahlen.** Demnach gibt es Abzählvorgänge, die im PLUS-Bereich (z. B.
Plustemperaturen) und im MINUS-Bereich (z. B. Minus-
temperaturen) einer Zahlenskala liegen können. Zur Un-
terscheidung von den natürlichen Zahlen versieht man
diese Zahlen entweder mit einem positiven Vorzeichen,
dem Pluszeichen (positive Zahlen) oder mit einem negativen Vorzeichen, dem Minuszeichen (negative Zahlen).

Vergleiche: + 25 °C, – 5 °C; + 5 m, – 5 m,
               + 5 DM (Guthaben), – 5 DM (Schulden)

💣 Die Menge der mit den Vorzeichen + und – versehenen natürlichen Zahlen (Menge der ganzen Zahlen) bezeichnet man mit **Z**.

Vergleiche: $Z = \{ \ldots -3; -2; -1; 0; +1; +2; +3; \ldots \}$

💣 Oftmals werden positive ganze Zahlen ohne das Vorzeichen + geschrieben.

Beispiele: statt + 1 kurz 1; statt + 2 kurz 2; statt +3 kurz 3, ...

💣 Man muss jedoch die Rechenzeichen +, –, ·, und : von den Vorzeichen + und – unterscheiden. Damit es nicht zu Verwechslungen kommt, werden die Zahlen mit Vorzeichen in Klammern geschrieben.

Beispiele [+]:

$$(-2) + (-3) = -5; \quad (+2) + (-3) = -1$$
$$(-2) + (+3) = +1; \quad (+2) + (+3) = +5$$
$$(-2) + (-3) = -5 \text{ entspricht } -2 - 3 = -5$$
$$(+2) + (-3) = -1 \text{ entspricht } +2 - 3 = -1$$
$$(-2) + (+3) = +1 \text{ entspricht } -2 + 3 = +1$$
$$(+2) + (+3) = +5 \text{ entspricht } 2 + 3 = 5$$

💣 An den zuvor aufgeführten Beispielen lassen sich folgende Vorzeichenregeln festmachen:

Vorzeichenregeln: Aus + (+) wird +; aus + (–) wird –
                   Aus – (+) wird –; aus – (–) wird +

Zum Beispiel der Addition ganzer Zahlen vgl. nun die Beispiele hinsichtlich der Subtraktion, Multiplikation und Division ganzer Zahlen.

Beispiele [-]:	$(+2) - (+3) = -1; (+2) - (-3) = +5$
	$(+2) - (+3) = -1$ entspricht $2-3 = -1$
	$(+2) - (-3) = +5$ entspricht $2+3 = 5$

Beispiele [·]:	$(-2) \cdot (-3) = 6; (+2) \cdot (-3) = -6$
	$(-2) \cdot (-3) = 6$ entspricht $2 \cdot 3 = 6$
	$(+2) \cdot (-3) = -6$ entspricht $2 \cdot (-3) = -6$

Beispiele [:]:	$(+4 : (+2) = +2; (-4) : (+2) = -2$
	$(+4) : (+2) = +2$ entspricht $4 . 2 = 2$
	$(-4) : (+2) = -2$ entspricht $-(4 : 2) = -2$

💣 Hier nun alle Vorzeichenregeln auf einen Blick:

Vorzeichenregeln:	Aus $+ (+)$ wird $+$; aus $+ (-)$ wird $-$
Hier: +/-	Aus $- (+)$ wird $-$; aus $- (-)$ wird $+$

Vorzeichenregeln:	Aus $+$ mal $+$ wird $+$;aus $+$ mal $-$ wird $-$
Hier: ·/:	Aus $-$ mal $+$ wird $-$;aus $-$ mal $-$ wird $+$

Als rationale Zahlen bezeichnet man **Zahlen und Brüche mit negativem (−) oder positivem (+) Vorzeichen.** Die Rechenregeln entsprechen den Rechenregeln für ganze Zahlen Die Menge der rationalen Zahlen besteht aus den negativen Brüchen, der Null und den positiven Brüchen und bezeichnet man mit **Q.**

Beispiel:	$Q=\{... -2,4; -1\frac{1}{4}; -\frac{1}{4}; 0; +\frac{1}{4}; +1\frac{1}{4}; +2,4\}$

Beachte:	Falls erforderlich, verwandle alle in einer Aufgabe vorkommenden Zahlen zunächst in Brüche!

1.3   Bruch- und Dezimalzahlen

Oftmals reicht der Zahlenbereich ganzer Zahlen nicht aus, um Rechenvorgänge korrekt darzustellen. Deshalb müssen **Bereiche zwischen den ganzen Zahlen unterteilt werden.** Diese Teile werden als Brüche bezeichnet. Nimmt man eine Einteilung in Zehnerbrüche vor, so spricht man von Dezimalzahlen.

💣 Die Einteilung in Zehnerbrüche beinhaltet die Einteilung des Zwischenraumes zweier Zahlen in 10, 100, 1.000, 10.000, 100.000, 1.000.000, ... Teile.

Beispiele:

10. Teil von 1	= 1 Zehntel
100. Teil von 1	= 1 Hundertstel
1.000. Teil von 1	= 1 Tausendstel

💣 Die Zehntel, Hundertstel, Tausendstel, usw. trennt man durch ein Komma von den ganzen Zahlen.

Beispiele:

T	H	Z	E	Z.tel	H.tel	T.tel	
1.	2	6	4,	5	2	5	(1.264,525)
	2	6	4,	5	2	5	(264,525)
		6	4,	5	2	5	(64,525)
			4,	5	2	5	(4,525)
			0,	5	2	5	(0,525)

1.4 Primzahlen und Primfaktoren

Als Primzahlen bezeichnet man **Zahlen, die nur durch 1 oder durch sich selbst teilbar sind.** Hierbei wird allerdings die 1 nicht zu den Primzahlen gezählt.

Beispiele[bis 100]: 2, 3, 5, 7, 11, 13, 17, 19, 23, 29, 31, 37, 41, 43,

47, 53, 59, 61, 67, 71, 73, 79, 83, 89, 97

Als Primfaktoren bezeichnet man **jede andere natürliche Zahl (außer der 1),** die sich als Produkt von Primzahlen darstellen lässt. Die Zerlegung von Primzahlen nennt man Primfaktorzerlegung. Die Anwendung der Primfaktorzerlegung ist für viele Rechenvorgänge von Nutzen, z. B. bei der Berechnung des „größten gemeinsamen Teilers" zweier Zahlen.

✍ Die Primfaktorzerlegung lässt sich mittels Potenzschreibweise sehr viel übersichtlicher schreiben.

Beispiele: $12.600 = 2 \cdot 2 \cdot 2 \mid \cdot 3 \cdot 3 \mid \cdot 5 \cdot 5 \mid \cdot 7$
$$2^3 \qquad 3^2 \qquad 5^2 \qquad 7$$

Nun hast du die Darstellung sowie die Grundregeln eines Teilbereiches des elementaren Rechnens kennengelernt. Präge dir das bisher Gelernte gut ein oder lese dir dieses Kapitel ggf. nochmals in Ruhe durch.

2. Die Grundrechnungsarten

2.1 Die Addition

Zahlen lassen sich miteinander verknüpfen. Man kann sie **zusammenzählen (addieren),** abziehen (subtrahieren), malnehmen (multiplizieren), und teilen (dividieren). Die Zahlen, die man addiert heißen Summanden. Das Ergebnis der Addition bezeichnet man als Summe. Das Symbol + ist das Verknüpfungs- bzw. Rechenzeichen für die Addition.

Beispiel: Summand | Plus | Summand | Gleich | Summe
  2   +   3   =   5

♠ Für die Addition gelten sowohl das Vertauschungsgesetz als auch das Verbindungsgesetz (Additionsgesetze). Bei geschickter Anwendung können sich hieraus oftmals Rechenvorteile ergeben.

Beispiel: 2 + 5 + 12 = 19 oder: 12 + 2 + 5 = 19
Hier: Vertauschungsgesetz

Vertauschungs- oder Kommutativgesetz: $a + b = b + a$

Merke: Beim Vertauschungsgesetz kann die Reihenfolge der Summanden beliebig sein!

Beispiel: $2 + 5 + 11 + 1 = 19$
Hier: Verbindungsgesetz $(2 + 5) + (11 + 1) = 19$
              $7 + 12 = 19$
      oder:
            $(11 + 1) + (5 + 2) = 19$
              $12 + 7 = 19$

Verbindungs- oder Assoziativgesetz: $(a + b) + c = a + (b + c) = a + b + c$

Merke: Beim Verbindungsgesetz können die Summanden beliebig zusammengefasst werden!

2.2   Die Subtraktion

Erinnerst du dich? Das **Abziehen von Zahlen** ist eine weitere Form der Verknüpfung von Zahlen. Man bezeichnet dies als **Subtraktion.** Die Zahl, von der man eine andere Zahl abzieht, nennt man Minuend. Die Zahl, die abgezogen wird, ist der Subtrahend. Das Ergebnis der Subtraktionsaufgabe nennt man Differenz. Das Symbol – ist das Verknüpfungs- bzw. Rechenzeichen der Subtraktion.

Beispiel:

Minuend	Minus	Subtrahend	Gleich	Differenz
12	–	5	=	7

Beachte: Bei der Subtraktion gelten sowohl das Vertauschungsgesetz als auch das Verbindungsgesetz nicht!

💣 Man bezeichnet die Subtraktion auch als Umkehrung der Addition, weil man mit Hilfe der Subtraktion einen fehlenden Summanden ermitteln kann. Folglich lässt sich die Addition als Probe für eine Subtraktion benutzen.

Beispiel:	5	+	?	= 12
	12	–	5	= 7
folglich:	5	+	7	= 12

Beispiel:	12	–	5	= 7
	5	+	7	= 12

💣 Rechenvorgänge, in denen der Subtrahend größer als der Minuend ist, haben einen negativen Wert im Ergebnis.

Beispiel: $5 - 12 = -7$

💣 Hinsichtlich von Rechenvorgängen, in denen der Subtrahend größer als der Minuend ist, subtrahiert man den Minuend vom Subtrahent und versieht das Ergebnis mit dem Vorzeichen - , also mit einer negativen Zahl.

Beispiel:	5	–	12	= ?
	12	–	5	= -7

Beachte: Das Vertauschen von Minuend und Subtrahent ist nicht identisch mit dem Vertauschungsgesetz im Rahmen von Additionsaufgaben!

2.3   Die Multiplikation

Das **Malnehmen von Zahlen** ist nichts anderes als der Summenwert (die Summe) gleicher Summanden. Zahlen, die man **multipliziert**, nennt man Faktoren. Das Ergebnis nennt man Produkt. Das Symbol · ist das Verknüpfungs- bzw. Rechenzeichen für die Multiplikation.

Beispiel: Faktor | Mal | Faktor | Gleich | Produkt
                        2   ·   2   =   4

Beispiel: 2 + 2 + 2 + 2   = 8
Hier: Summe gleicher Summanden   4 · 2   = 8

💣 Man kann die Faktoren einer Multiplikationsaufgabe beliebig vertauschen (Vertauschungsgesetz). Auch können die Faktoren beliebig zusammengefasst werden (Verbindungsgsetz).

Beispiel: 2 · 5 · 3 = 30 oder: 5 · 2 · 3 = 30
Hier: Vertauschungsgesetz

Vertauschungs- oder Kommutativgesetz: $a \cdot b = b \cdot a$

Merke: Beim Vertauschungsgesetz kann die Reihenfolge der Faktoren beliebig sein!

Beispiel:	$2 \cdot 5$	$\cdot$	$3 \cdot 4$	$= 120$
Verbindungsgesetz	$(5 \cdot 2)$	$\cdot$	$(4 \cdot 3)$	$= 120$
	10	$\cdot$	12	$= 120$
oder:				
	$(5 \cdot 4)$	$\cdot$	$(2 \cdot 3)$	$= 120$
	20	$\cdot$	6	$= 120$

Verbindungs- oder Assoziativgesetz: $(a \cdot b) \cdot c = a \cdot (b \cdot c) = a \cdot b \cdot c$

Merke: Beim Verbindungsgesetz können die Faktoren beliebig zusammengefasst werden!

Beachte: Multipliziert man eine Zahl mit 0, so ist das Ergebnis immer 0!

Beispiel: $\qquad 5 \cdot 0 = 0$

2.4 Die Division

Eine weitere Form der Verknüpfung von Zahlen ist das **Teilen**. Man bezeichnet solche Rechenvorgänge als **Division**. Die Zahl, die zu teilen ist, nennt man Dividend. Die Zahl, die wiederum eine andere Zahl teilt, ist der Divisor. Mit dem Divisor legt man die Anzahl der Teilung fest. Das Ergebnis wird als Quotient bezeichnet. Das Symbol : ist das Verknüpfungs- bzw. Rechenzeichen für die Division.

Beispiel:	Dividend	Dividiert Durch	Divisor	Gleich	Quotient
	8	:	4	=	2

●✳ Man kann die Division auch als Umkehrung der Multiplikation bezeichnen, weil man mit Hilfe der Division einen fehlenden Faktor ermitteln kann. Folglich lässt sich die Multiplikation als Probe für eine Division benutzen.

Beispiel: $6 \cdot ? = 12$
folglich: $12 : 6 = 2$

Beispiel: $12 : 6 = 2$
               $2 \cdot 6 = 12$

Beachte: Bei der Division gelten sowohl das Vertauschungsgesetz als auch das Verbindungsgesetz nicht!

Beachte: Dividiert man eine Zahl mit 0, so ist das Ergebnis immer 0!

Beispiel: $5 : 0 = 0$

2.5   Die Verbindung der vier Grundrechnungsarten

Rechenvorgänge lassen sich nicht nur durch jeweils eigenständige Verknüpfungen (Addition, Subtraktion, Multiplikation, Division) ausführen, sondern lassen sich ebenso in **Verbindung der vier Grundrechnungsarten** ausführen.

Beispiele:

$$120 - 50 = 70; \quad +120 + (-50) = +70$$
$$-120 + 5 = -115; \quad -120 + (+5) = -115$$
$$-120 + 150 = 30; \quad -120 + (+150) = +30$$

$$-120 + 5 \cdot 3 = -105; \quad -120 + (5 \cdot 3) = -105$$
$$; \quad -120 + 15 = -120$$
$$120 + 5 \cdot 2 = 130; \quad +120 + (5 \cdot 2) = +130$$
$$; \quad +120 + 10 = +130$$

$$15 + 4 : 2 = 17; \quad +15 + (4 : 2) = +17$$
$$; \quad +15 + 2 = +17$$

$$23 - 28 : 4 = 16; \quad 23 - (28 : 4) = +16$$
$$; \quad +23 - 7 = +16$$

Beachte: Die Multiplikation muss vor der Addition einer Aufgabe ausgeführt werden. Hieraus ergibt sich folgende Regel:

Regel: Punktrechnung vor Strichrechnung!

Beispiele: Vergleiche oben und folgendes Beispiel:

$$-120 + 3 \cdot 50 = ?$$

Führe erst die Rechenoperation $3 \cdot 50$ aus. Der Übersicht halber, insbesondere bei längeren Aufgaben, empfiehlt es sich, die Faktoren in Klammern zu setzen; also $(3 \cdot 50)$. Das Ergebnis ist der Wert 150. Schreibe nun den Rechenvorgang wie folgt:

$$-120 + (3 \cdot 50) = ?$$
$$-120 + 150 = 30$$

Merke: Diese Regel gilt für den ganzen Bereich der Grundrechnungsarbeiten!

3. Die Bruchrechnung

3.1 Die Addition von Brüchen

Die Bruchrechnung beinhaltet die **Teilbarkeit (Division) natürlicher Zahlen.** Hierbei geht die Aufgabe nicht immer auf, sodass oftmals ein Rest verbleibt. Teilt man ein Ganzes in mehrere Teile auf, so erhält man zwei oder mehrere Bruchstücke vom Ganzen. Die Zahl über dem Bruchstrich nennt man Zähler. Dieser gibt die Anzahl der Teile an. Die Zahl unter dem Bruchstrich nennt man Nenner. Dieser bezieht sich auf ein Ganzes, welches unterteilt werden soll.

Beispiele: $\dfrac{2}{4}$ $\dfrac{3}{4}$ $\dfrac{4}{4}$ Zähler
                                        Nenner

Hierbei stellen zwei Viertel die Hälfte und vier Viertel ein Ganzes vom Ganzen dar.

💣 Die Teilung eines Ganzen entspricht der Division natürlicher Zahlen. Folglich kann man statt ¾ auch 3 : 4 schreiben.

Beispiele: ¼, ½, ¾ ...; Man schreibt auch: $\dfrac{1}{4}, \dfrac{1}{2}, \dfrac{3}{4} ...$

💣 Je nach der Größe von Zähler und Nenner kann man die Brüche in unterschiedliche Arten einteilen und benennen. Man unterscheidet demnach:

Echte Brüche:	Sie liegen vor, wenn der <u>Zähler kleiner</u> als der Nenner ist, z. B. $2/3$, $4/8$, $6/12$, ...
Unechte Brüche:	Sie liegen vor, wenn der <u>Zähler größer</u> als der Nenner ist, z. B. $6/3$, $10/8$, $14/12$, ...
Scheinbrüche:	Sie liegen vor, wenn der <u>Zähler ohne Rest</u> durch den Nenner geteilt werden kann, z. B. $2/1$, $4/2$, $8/4$, ...
Gemischte Zahlen:	Sie bestehen aus einer ganzen <u>Zahl und einem Bruch</u>, z. B. $1\,2/4$, $4\,2/3$, $12\,6/8$, ...
Gleichnamige Brüche:	Sie bezeichnen <u>Brüche mit gleichen Nennern</u> innerhalb einer Rechenoperation, z. B. $2/3$ und $6/3$, ...
Ungleichnamige Brüche:	Sie bezeichnen <u>Brüche mit ungleichen Nennern</u> innerhalb einer Rechenoperation, z. B. $2/3$ und $4/8$, ...

Nachdem wir uns nun mit der Bruchrechnung im Allgemeinen beschäftigt haben, insbesondere mit den unterschiedlichen Arten von Brüchen, werden wir nun mit der Addition von Brüchen beginnen. Lese dir aber zuvor diesen Abschnitt nochmals durch, da dir das bisher Gelernte das Verständnis für die nachfolgenden Rechenvorgänge erleichtern wird.

💣 Gleichnamige Brüche werden addiert, indem man ihre Zähler addiert und den gemeinsamen Nenner beibehält.

Beispiel: $\dfrac{1}{6} + \dfrac{1}{6} + \dfrac{1}{6} + \dfrac{1}{6} + \dfrac{1}{6} = \dfrac{5}{6}$

💣 Ungleichnamige Brüche lassen sich erst dann addieren, wenn sie zuvor gleichnamig gemacht werden. Hierzu muss man jeden Bruch auf einen gemeinsamen Nenner erweitern. Den gemeinsamen Nenner nennt man Hauptnenner. Der Hauptnenner ist eine Zahl, die man ohne Rest durch jeden der Einzelnenner teilen kann. Zwar lassen sich mehrere gemeinsame Nenner finden, aber i. d. R. ist die Zahl gesucht, die das „kleinste gemeinsame Vielfache", kurz: „kgV", bildet.

Beispiel: $\dfrac{2}{3} + \dfrac{3}{4} + \dfrac{4}{6} = \dfrac{?}{x}$

Nun geht es darum, das kgV aller Einzelnenner zu ermitteln. Hierzu schreibst du dir die Vielfachen der drei Nenner untereinander.

Vielfache von 3	Vielfache von 4	Vielfache von 6
3	4	6
6	8	**12**
9	**12**	18
12	16	24

Die Eintragungen in der Tabelle ließen sich noch weiter fortsetzen. Du würdest dann feststellen, dass ebenso die Zahl 24 und die Zahl 48 einen gemeinsamen Nenner bilden. Gesucht ist aber das kgV aller Einzelnenner. Der Tabelle kannst du entnehmen, dass dies die Zahl 12 ist. Da die Zahl 12 die kleinste Zahl ist, die dem Vielfachen gemeinsam ist, spricht man hier vom „kleinsten gemeinsamen Vielfachen", also dem kgV.

Du kannst das kgV auch dadurch ermitteln, indem du den größten Einzelnenner sooft mit 2 multiplizierst, bis du für alle übrigen Nenner den kleinsten gemeinsamen Nenner ermittelt hast. Hier reicht es jedoch aus, die Zahl 6 als größten Einzelnenner einmalig mit 2 zu multiplizieren, da das Ergebnis, die Zahl 12, sowohl durch die übrigen Einzelnenner 3 und 4 teilbar ist.

Also: die Zahl 12 bildet hier das kgV, den gemeinsamen Nenner, da die Zahl 12 in allen Einzelnennern enthalten ist.

Denn: $\underline{3}$ mal 4 = **12** | **12** geteilt durch 3 = 4
            $\underline{4}$ mal 3 = **12** | **12** geteilt durch 4 = 3
            $\underline{6}$ mal 2 = **12** | **12** geteilt durch 2 = 6

Also:

Multipliziere den größten Nenner (hier die Zahl 6) mit 2 (ggf. das Ergebnis mehrmals mit 2), bis das Ergebnis (hier die Zahl 12) durch alle Nenner (hier durch die Nenner 3 und 4) teilbar ist. Dies ist hier die Zahl 12!
Du hast nun die Zahl 12 als kgV aller Einzelnenner, somit als Hauptnenner, ermittelt. Nun musst du jeden Bruch auf den Hauptnenner 12 erweitern. Hierzu musst du den Hauptnenner (als neuen gemeinsamen Nenner) jeweils durch die bisherigen Einzelnenner teilen.

Also: Einzelnenner des 1. Bruchs ist die 3; folglich: 12 : 3 = **4**
              Einzelnenner des 2. Bruchs ist die 4; folglich: 12 : 4 = **3**
              Einzelnenner des 3. Bruchs ist die 6; folglich: 12 : 6 = **2**

Man nennt die hier ermittelten Zahlen auch „Erweiterungszahlen".

Nun musst du jeden Bruch mit der entsprechenden Erweiterungszahl erweitern. Hierzu multiplizierst du den jeweiligen Zähler und Nenner mit der entsprechenden Erweiterungszahl.

Also:
$$\frac{2 \cdot 4}{3 \cdot 4} + \frac{3 \cdot 3}{4 \cdot 3} + \frac{4 \cdot 2}{6 \cdot 2} = \frac{8}{12} + \frac{9}{12} + \frac{8}{12} =$$

$$\frac{8 + 9 + 8}{12} = \frac{25}{12}$$

Nun kannst du bereits das Ergebnis dieser Aufgabe vorweisen. Wirklich? Du wirst bemerkt haben, dass im ermittelten Ergebnis der Zähler größer als der Nenner ist, nämlich $25/12$. Es liegt also ein „unechter Bruch" als Ergebnis vor. Man lässt unechte Brüche als Ergebnis so nicht stehen, sondern man schreibt eine ganze Zahl und einen Bruch, also gemischte Zahlen, als Wert des Ergebnisses hinter dem Gleichheitszeichen. „Ein Ganzes" ist nichts anderes, als der jeweils gleiche Wert von Zähler und Nenner. Hierbei muss der Zähler dem Wert des Nenners entsprechen. Die Differenz zu den übrigen Zahlen (Rest) des Zählers bilden den Bruch.

Also: $25/12 = 12/12 + 12/12 + 1/12$; folglich **2 $1/12$**

Nun hast du das tatsächliche Endergebnis dieser Aufgabe ermittelt. Schreibe dir o. a. Aufgabe in dein Übungsheft und versuche, die Aufgabe zu lösen, ohne in dieses Buch nachzusehen. Wenn du das Buch doch noch zur Hilfe nehmen möchtest, dann wiederhole nochmals die Übung, bis du die Aufgabe ohne Hilfe lösen kannst. Du wirst dann keine Probleme haben, folgende Frage zu beantworten:

Was ist ein echter Bruch?
Was ist ein unechter Bruch?
Was sind gemischte Zahlen?
Was versteht man unter dem kgV?
Was ist eine Erweiterungszahl?
Wie erweitert man einen Bruch?

2.2 Die Subtraktion von Brüchen

💣 Gleichnamige Brüche werden subtrahiert, indem man ihre Zähler subtrahiert und den gemeinsamen Nenner beibehält.

Beispiel: $\dfrac{8}{6} - \dfrac{2}{6} - \dfrac{4}{6} = \dfrac{2}{6}$

💣 Ungleichnamige Brüche lassen sich erst dann subtrahieren, wenn sie zuvor gleichnamig gemacht werden. Hierzu muss man jeden Bruch auf einen gemeinsamen Nenner erweitern. Den gemeinsamen Nenner nennt man Hauptnenner. Gesucht ist i. d. R. das „kleinste gemeinsame Vielfache", kurz: „kgV". Hierzu geht man vor, wie in Abschnitt „Addition von Brüchen" bereits beschrieben. Anschließend werden die erweiterten Zähler subtrahiert und die einzelnen Brüche zu einem Bruch zusammengefasst.

Beispiel: $\dfrac{4}{6} - \dfrac{2}{4} = \dfrac{?}{x}$

$\dfrac{8 - 6}{12} = \dfrac{2}{12}$

Vgl. „Addition von Brüchen". Vervollständige die einzelnen Lösungsschritte entsprechend. Unterscheide aber: Subtraktion der Zähler!

3.3 Die Multiplikation von Brüchen

💣 Brüche werden multipliziert, indem man jeweils ihre Zähler und Nenner miteinander multipliziert. Also Zähler mal Zähler und Nenner mal Nenner. Allerdings müssen ggf. bestehende gemischte Zahlen zuvor in unechte Brüche umgewandelt werden. Faktoren in Zähler und Nenner eines Bruches darf man kürzen, nicht aber Teile aus Summen oder Differenzen.

Beispiel: $\quad 1\,^3/_5 \cdot 6\,^1/_4 \quad = ?$

Nun müssen die gemischten Zahlen in unechte Brüche umgewandelt werden. Hierzu gehe wie folgt vor:

	Ganze Zahl	Mal	Nenner	Plus	Zähler	Gleich
Erster Bruch:	1	·	5	+	3	**8**
Zweiter Bruch:	6	·	4	+	1	**25**

Die ermittelten Zahlen werden jeweils als Zähler übernommen, wobei die Nenner beibehalten werden Zähler und Nenner dürfen nun gekürzt werden (8 : 2 = 4, 4 : 2 = 2; 5 : 5 = 1; 4 : 4 = 1).

Also: $\quad \dfrac{8 \cdot 25}{5 \cdot 4}$ = ? Die 8 bis auf 2; die 25 bis auf 5 kürzen
= ? Die 5 bis auf 1 und die 4 bis auf 1 kürzen

$$\frac{2 \cdot 5}{1 \cdot 1} = \frac{10}{1} = \mathbf{10}$$

Beachte: Zähler und Nenner dürfen hier <u>nicht gegenseitig</u> gekürzt werden!

3.4 Die Division von Brüchen

♦ Brüche werden dividiert, indem man den ersten Bruch (den Dividend) mit dem Kehrwert des zweiten Bruches (des Divisors) multipliziert. Somit kann man die Division von Brüchen auf die Multiplikation von Brüchen zurückführen. Wie bei der Multiplikation, so müssen auch hier ggf. bestehende gemischte Zahlen zuvor in unechte Brüche umgewandelt werden. Teile aus Summen oder Differenzen dürfen nicht gekürzt werden.

Beispiel: $60 \frac{1}{2} : \frac{3}{4} = ?$

Nun müssen die gemischten Zahlen in unechte Brüche umgewandelt werden. Hierzu gehe wie bei der Multiplikation von Brüchen vor:

Ganze Zahl	Mal	Nenner	Plus	Zähler	Gleich
Erster Bruch: 60	·	2	+	1	**121**
Zweiter Bruch: Gemischte Zahlen liegen hier nicht vor!					

Die ermittelte Zahl des 1. Bruches wird als Zähler übernommen, wobei der Nenner beibehalten wird. Nun wird der 1. Bruch mit dem Kehrwert des 2. Bruches multipliziert. Hierbei wird der Nenner des 2. Bruches zum Zähler und der Zähler des 2. Bruches zum Nenner des zweiten Bruches.

<u>Also:</u> $\quad \dfrac{121}{2} : \dfrac{3}{4} = \dfrac{?}{x} \quad = \quad \dfrac{121}{2} \cdot \dfrac{4}{3} = \dfrac{?}{x}$

Beachte: Die Brüche müssen <u>vor</u> der Multiplikation gekürzt werden!

Hier lässt sich die Zahl 4 (Zähler) des 2. Bruches und die Zahl 2 (Nenner) des 1. Bruches jeweils durch 2 kürzen (4 : 2 = 2; 2 : 2 = 1).

Also:
$$\frac{121}{2} \cdot \frac{4}{3} \overset{=?}{\underset{x}{=}} \frac{121}{1} \cdot \frac{2}{3} = \frac{242}{3} = 80\,^2/_3$$

Bemerkt? Die Division von Brüchen entspricht nahezu der Multiplikation von Brüchen. Der Unterschied besteht lediglich darin, dass bei der Division von Brüchen der 1. Bruch mit dem <u>Kehrwert</u> des 2. Bruches multipliziert wird. Ach ja, versuche stets – sofern möglich – die Brüche soweit wie möglich zu kürzen. Es kann gelegentlich sinnvoll sein, Brüche jeweils zu erweitern. Erinnerst du dich? Brüche werden erweitert, indem Zähler und Nenner mit der <u>gleichen</u> Zahl multipliziert werden. Brüche werden gekürzt, indem Zähler und Nenner mit der <u>gleichen</u> Zahl dividiert werden!

4. Die Verteilungs- und Mischungsrechnung

4.1 Die Verteilungsrechnung

Die Verteilungsrechnung beinhaltet das **Verteilen von Anteilen auf mehrere Bezugseinheiten.** So kann ein Ganzes in Anteile zerlegt und auf mehrere Personen verteilt werden. Teilt man ein Ganzes in mehrere Teile auf, so erhält man zwei oder mehrere Bruchstücke vom Ganzen. Insoweit entspricht die Verteilungsrechnung der Logik der Bruchrechnung.

Beispiel:	Drei Freunde füllen gemeinsam einen Lottoschein aus. Simone beteiligt sich mit 20 EUR, Pascal mit 60 EUR und Tobias mit 10 EUR. Sie geben den Lottoschein rechtzeitig ab und gewinnen 90.000 EUR. Wie hoch ist der Gewinnanteil pro Person?
Schritt 1:	Kürze die Teile auf die kleinste Zahl. Hier geschieht dies durch wegstreichen der Nullen.

Also:

A	= 20	gekürzt auf	**2** Teile
B	= 60	gekürzt auf	**6** Teile
C	= 10	gekürzt auf	**1** Teil
Anteile insg.	=		9 Teile

| Schritt 2: | Teile nun den zu verteilenden Gewinn durch die Gesamtanteile. Ermittle den Wert eines Anteiles, um diesen Wert auf die Anteile der einzelnen Personen „hochzurechnen" (90.000 : 9 = 10.000). |

| Also: | Gewinnsumme = 90.000 EUR
Gesamtanteile = 9 Anteile

Gewinnanteil/1 Teil = 10.000 EUR |

| Schritt 3: | Da die Anteile (hier: Geldbeträge) an die Kosten des Lottoscheines jeweils unterschiedlich sind, muss der Gewinnanteil eines Anteils nun mit den jeweiligen Anteilen entspr. multipliziert werden. |

| Also: | A = 10.000 EUR · 2 = **20.000 EUR**
B = 10.000 EUR · 6 = **60.000 EUR**
C = 10.000 EUR · 1 = **10.000 EUR**
Gesamtbetrag/Probe = 90.000 EUR |

| Schritt 4: | Bilde nun den Schlusssatz zu dieser Aufgabe. Der Schusssatz muss das jeweilige Einzelergebnis enthalten. |

| Also: | Drei Freunde haben Lotto gespielt und zusammen 90.000 EUR gewonnen. Entsprechend des jeweiligen Einsatzes teilt sich die Gewinnsumme wie folgt auf: **Simone erhält 20.000 EUR, Pascal erhält 60.000 EUR** und **Tobias erhält 10.000 EUR** vom Gesamtgewinn. |

Nicht immer gestaltet sich die Ermittlung von unterschiedlichen Anteilen derart einfach. Oft sind die Anteile in Brüchen angegeben. Dann müssen die Brüche meistens erst gleichnamig gemacht werden. Erinnerst du dich an die unterschiedlichen Arten von Brüchen? Die Verteilungsrechnung ist eng „verknüpft" mit der Bruchrechnung. Du kommst also nicht umher, die elementaren Rechenoperationen der Bruchrechnung zu beherrschen.

4.2 Die Mischungsrechnung

Die Mischungsrechnung unterscheidet sich nur unwesentlich von der Verteilungsrechnung. Zur Mischungsrechnung kommt jedoch eine weitere Größe, nämlich die **Mischungsgröße,** hinzu. Hierbei werden i. d. R. verschiedenen Sorten miteinander vermischt. Auf Basis der Mischungszahl werden schließlich die Anteilswerte der jeweiligen Sorten ermittelt.

Beispiel: Der Weinhändler Traubenberger erhält eine Bestellung auf 285 Liter der Weinsorte Burgunder. Der Preis beträgt 2,80 EUR. Traubenberger stellt fest, dass er nur noch Wein zu 3,80 EUR und zu 1,90 EUR im Lager hat. Er will deshalb beide Sorten mischen. Wieviel Liter muss er von beiden Sorten nehmen?

Schritt 1: Errechne die Differenz zwischen bestelltem Wein (Mischungsgröße; M = 2,80 EUR) und den beiden anderen Sorten. Dies entspricht die Differenz zwischen 3,80 EUR und 2,80 EUR (= 1,00 EUR) und zwischen 1,90 EUR und 2,80 EUR (= 0,90 EUR). Aus den Differenzbeträgen werden Verhältniszahlen. Tausche sie nun in Pfeilrichtung aus. Zähle die erhaltenen Mischungszahlen zusammen.

Also:

Sorte 1	3,80 EUR	→1,00 EUR	10	↘	9 Teile
M	2,80 EUR				
Sorte 2	1,90 EUR	→0,90 EUR	9	↗	<u>10 Teile</u>
					19 Teile

Schritt 2:	Teile nun die bestellte Weinmenge durch die zusammengezählten Mischungszahlen (= 1 Teil, der 15 Liter entspricht). Gehe immer erst auf 1 Teil, um dann auf die höheren Anteile „hochrechnen" zu können.

Also: $\dfrac{285 \text{ Liter}}{19 \text{ Teile}}$ = 1 Teil = 15 Liter

Schritt 3:	Sorte 1 bekommt 15 Liter (bei 1 Teil) mit Anteil von 9 und Sorte 2 mit Anteil von 10 multipliziert.

Also: Sorte 1 = 15 · 9 = **135 Liter**
         Sorte 2 = 15 · 10 = **150 Liter**

Schritt 4:	Bilde nun den Schlusssatz zu dieser Aufgabe. Der Schlusssatz muss das jeweilige Einzelergebnis enthalten.

Also:	Für die Sorte 1 muss Weinhändler Traubenberger 135 Liter und für die Sorte 2 muss er 150 Liter nehmen.

Merke: Es besteht ein Unterschied zwischen der Verteilungsrechnung und der Mischungsrechnung. Hierauf musst du bei der Aufgabenstellung sehr genau achten. Merkmal der Mischungsrechnung ist die in der Aufgabe gegebene Mischungsgröße, und dass i. d. R. verschiedene Sorten zu <u>mischen</u> sind.

5. Der Dreisatz

5.1 Dreisatz mit geradem Verhältnis

Oftmals lassen sich Sachaufgaben über den Dreisatz lösen. Merkmal von Dreisatzaufgaben ist **die Abhängigkeit einer Größe von einer anderen Größe.** Man spricht hier von einer **Zuordnung.** So lässt sich z. B. die Literzahl einer Tankfüllung dem Gesamtpreis zuordnen. Man muss jedoch prüfen, ob sich hinter der Aufgabenstellung **eine Proportionalität oder eine umgekehrte Proportionalität** verbirgt, weil sich dadurch zwei verschiedene Lösungsansätze ergeben. Demnach muss man zwischen einen Dreisatz mit geradem Verhältnis und mit ungeradem Verhältnis unterscheiden.

💣 Bei Dreisatzaufgaben mit **geradem** Verhältnis gilt grundsätzlich:

Je mehr – desto mehr; je weniger – desto weniger!

Das heißt z. B.: Je mehr Meterware, desto höher der Preis; je weniger Meterware, desto geringer der Preis.

In der Aufgabe (Lösungsansatz) dürfen immer nur gleiche Einheiten untereinander stehen! So schreibe z. B. Meter unter Meter und Euro unter

Euro. Oftmals tritt das Problem auf, Textaufgaben hinsichtlich der Zuordnung von unterschiedlichen Größen zu verstehen oder es bereitet Schwierigkeiten, das Vorliegen einer Dreisatzaufgabe mit geradem oder ungeradem Verhältnis zu erkennen. Nachfolgend erhälst du daher erst einmal Lösungsvorschläge zu Dreisatzaufgaben mit geradem Verhältnis.

<u>Beispiel 1:</u>   Oma Lotte möchte gerne eine neue Gardine an das Küchenfenster anbringen. Der Preis für 3,75 Meter des Gardinenstoffes beträgt 375,00 EUR. Sie benötigt allerdings 7,20 Meter des Gardinenstoffes. Wieviel EUR muss Oma Lotte für ihre neue Gardine bezahlen?

<u>Schritt 1:</u>   Stelle den Bedingungssatz und dann den Fragesatz auf. Schreibe die gleichen Einheiten jeweils untereinander. Hier: Meter unter Meter und EUR unter EUR. Achte darauf, die Einheit, dessen Wert noch zu ermitteln ist, rechts zu platzieren. Dies ist wichtig, um die Reihenfolge der Rechenschritte korrekt vornehmen zu können, und zwar vom Wert x ausgehend, entgegen dem Uhrzeigersinn als Divisionsaufgabe und als Multiplikationsaufgabe. Hier wie folgt:
$$x = (375, 00 : 3,75) \cdot 7,20.$$

<u>Also:</u>

	3,75 Meter	-	375,00	EUR	
+	7,20 Meter	-	x	EUR	+

$$x \quad = \quad \frac{375,00 \cdot 7,20}{3,75}$$

<u>Schritt 2:</u>   Die Werte des Fragesatzes werden jeweils größer gegenüber dem Bedingungssatz. Du kannst dies jeweils durch ein Pluszeichen kennzeichnen.

Du hast nun über die Division den Preis für 1 Meter berechnet (375 : 3,75) um anschließend über die Multiplikation den Preis für 7,20 Meter zu ermitteln. Setze nun die Aufgabe fort.

Also:

x = 7,20 (Lösung der Aufgabe über den Bruchstrich, s. Seite 34)!

7,20 = **720 EUR**

Schritt 3:

Bilde nun den Schlusssatz zu dieser Aufgabe.

Oma Lotte muss für 7,20 Meter Gardinenstoff, die Sie für ihre neue Gardine benötigt, **720,00 EUR** bezahlen.

Beispiel 2:

Oma Lotte hat jahrelang emsig gespart. Nun will sie sich einen neuen Fußbodenbelag legen lassen. Die Kosten für die Gesamtfläche von 72 m^2 betragen 1.728,00 EUR. Wie hoch werden die Kosten für das Gästezimmer sein, das eine Grundfläche von 30 m^2 aufweist?

Schritt 1:

Stelle den Bedingungssatz und den Fragesatz wie in Beispiel 1 beschrieben auf. Denn auch hier liegt eine Dreisatzaufgabe mit geradem Verhältnis vor. Hier: „je weniger – desto weniger" zu. Kennzeichne dies durch das Minuszeichen. Ansonsten gehe wie folgt vor: $x = (1.728,00 : 72) \cdot 30$.

Also:

72 m^2	-	1.728,00 EUR
– 30 m^2	-	x EUR –

$$x = \frac{1.728,00 \cdot 30}{72}$$

Schritt 2:   Die Werte des Fragesatzes werden jeweils kleiner
              gegenüber dem Bedingungssatz. Die Kennzeich-
              nung durch jeweils ein Minuszeichen macht deut-
              lich, dass hier ein Dreisatz mit geradem Verhältnis
              vorliegt. Du brauchst diese Kennzeichnung jedoch
              nicht unbedingt vorzunehmen. Du hast über die Di-
              vision den Preis für 1 m^2 berechnet (1.728 : 72), um
              dann über die Multiplikation den Preis für 30 m^2 zu
              zu ermitteln. Setze nun die Aufgabe fort.

Also: x   =   30   (Lösung der Aufgabe über den
                              Bruchstrich, s. Seite 35)!

              30   =   **720 EUR**

Schritt 3:   Bilde nun den Schlusssatz zu dieser Aufgabe.

              Die Kosten für den neuen Fußbodenbelag des
              Gästezimmers betragen **720,00 EUR.**

Nachfolgend sind nochmals drei Beispiele aufgeführt. Löse die Aufgaben
eigenständig. Verdecke den grau unterlegten Teil der Aufgaben mit einem
Blatt und vergleiche diesen Teil der Aufgaben anschließend mit deiner
jeweiligen Lösung der Aufgaben.

Beispiel 3:   Der Preis für 115 Kilogramm einer Ware beträgt
              690,00 EUR. Wieviel kosten 35 Kilogramm dieser
              Ware?

              115 kg   -   690,00   EUR
          -    35 kg   -   x   EUR   -

              x   = $\dfrac{690,00 \cdot 35}{115}$

Also: x   =   35

               35 =   **210 EUR**

               35 Kilogramm einer Ware kosten **210 EUR**.

Beispiel 4:   Der Bruttolohn eines Bauarbeiters beträgt für 45 Arbeitsstunden 495,00 EUR. Wie hoch ist der Bruttolohn für 35 Arbeitsstunden?

               45 Std.   -   495,00   EUR
            - 35 Std.   -   x   EUR -

               x   = $\dfrac{495,00 \cdot 35}{45}$

Also: x   =   35

               35 =   **385 EUR**

               Der Bruttolohn eines Bauarbeiters für 35 Arbeitsstunden beträgt **385 EUR**.

Beispiel 5:   Eine Kreissäge verbraucht in 270 Minuten 174 Kilowattstunden an Strom. Wieviel Kilowattstunden verbraucht die Kreissäge in 945 Minuten?

               270 min.   -   174   kwh
            + 945 min.   -   x   kwh +

               x   = $\dfrac{174 \cdot 945}{270}$

Also: x   =   945

945   =   608,9 kwh

Die Kreissäge verbraucht in 945 Minuten **608,9 Kilowattstunden** an Strom.

5.2   Dreisatz mit ungeradem Verhältnis

💣 Bei Dreisatzaufgaben mit **ungeradem** Verhältnis gilt grundsätzlich:

Je mehr – desto weniger; je weniger – desto mehr!

Das heißt z. B.: Je mehr Arbeiter zur Verfügung stehen, desto weniger Zeit wird für die Arbeiten benötigt; je weniger Arbeiter, desto mehr Zeit wird für die Arbeiten benötigt.

Achte unbedingt darauf, immer nur gleiche Einheiten untereinander zu schreiben. Hier: Arbeitsstunden unter Arbeitsstunden und Tage unter Tage. Gehe zur Lösung der Aufgabe auch hier vom Wert x ausgehend entgegen dem Uhrzeigersinn vor. ACHTUNG: Beginne bei Dreisatzaufgaben mit ungeradem Verhältnis jedoch die Rechenschritte zuerst mit der Multiplikation und dann erst mit der Division.

Beispiel 1:   Zur Durchführung von Abrissarbeiten benötigt ein Unternehmer bei 5 Arbeitstagen 18 Arbeiter. Die Arbeit soll nunmehr in 3 Arbeitstagen beendet sein. Wieviel Arbeiter muss der Unternehmer noch zusätzlich einstellen, um die Abrissarbeiten in 3 Arbeitstagen beenden zu können?

Schritt 1:	Stelle den Bedingungssatz und dann den Fragesatz auf. Schreibe die gleichen Einheiten jeweils untereinander. Hier: Arbeitstage unter Arbeitstage und Arbeiter unter Arbeiter. Platziere die Einheit, dessen Wert noch zu ermitteln ist auch hier wieder in der rechten Spalte. Beginne wieder vom Wert x ausgehend, entgegen dem Uhrzeigersinn mit der Rechenoperation. Achte aber beim ungeraden Dreisatz darauf, mit der Multiplikation zu beginnen und dann erst die Division durchzuführen. Gehe wie folgt vor: $x = (18 \cdot 5) : 3$.

Also:

5 Arbeitstage - 18 Arbeiter

– 3 Arbeitstage - x Arbeiter +

$$x = \frac{18 \cdot 5}{3}$$

Schritt 2:	Der Wert „Arbeitstage" des Fragesatzes wird kleiner gegenüber dem Bedingungssatz. Du kannst dies durch ein Minuszeichen kennzeichnen. Hingegen nimmt der Wert der zu ermittelnden Anzahl der Arbeiter zu, da mehr Arbeiter benötigt werden, um die Arbeiten in 3 Tagen beenden zu können. Wenn du dort ein Pluszeichen setzt, wird sofort sichtbar, dass hier der Sachverhalt „je weniger – desto mehr", folglich ein Dreisatz mit ungeradem Verhältnis vorliegt (s. Schritt 1). Nun wieder zur Aufgabe... Hier werden insgesamt 30 Arbeiter benötigt. Gefragt ist aber die zusätzlich benötigte Anzahl der Arbeiter. Diese ergibt sich aus der Differenz zwischen der Gesamtzahl der Arbeiter und der Anzahl der bisherigen Arbeiter (30 - 18 = 12)

Also:

x = 30 Arbeiter bei 3 Tage, insgesamt

x   =   **12 Arbeiter, zusätzlich**

Schritt 3:   Bilde nun den Schlusssatz zu dieser Aufgabe.

Der Unternehmer muss noch **12 Arbeiter zusätzlich** einstellen, um die Abrissarbeiten **in 3 Tagen** beenden zu können.

Beispiel 2:   Oma Lotte benötigt für ihren Fußbodenbelag bei Verwendung einer Auslegeware von 1,40 Meter Breite 57 laufende Meter. Wieviel laufende Meter benötigt sie, wenn die Auslegeware nur 1,05 Meter breit ist?

Schritt 1:   Stelle den Bedingungssatz und dann den Fragesatz auf. Achte darauf, dass bei weniger Breite mehr laufende Meter benötigt werden (schmalerer Fußbodenbelag), folglich eine Dreisatzaufgabe mit ungeradem Verhältnis vorliegt.

Also:

$$1,40 \text{ Meter} \quad - \quad 57 \text{ lfd. Meter}$$
$$- \; \underline{1,05 \text{ Meter} \quad - \quad x \quad \text{lfd. Meter}} \; +$$

$$x \quad = \quad \frac{57 \cdot 1,40}{1,05}$$

Schritt 2:   Der Wert „Meter" des Fragesatzes wird kleiner gegenüber dem Bedingungssatz. Hingegen nimmt der Wert der zu ermittelnden lfd. Meter zu, da durch den schmaleren Fußbodenbelag (kleinere Abdeckfläche durch weniger Breite) mehr Meterware benötigt wird.

Also: x   =   **76 lfd. Meter**

Schritt 3:   Bilde nun den Schlusssatz zu dieser Aufgabe.

Bei Verwendung einer Auslegeware von 1,05 Meter Breite benötigt Oma Lotte **76 laufende Meter.**

Nachfolgend sind nochmals drei Beispiele aufgeführt. Löse die Aufgaben eigenständig. Verdecke den grau unterlegten Teil der Aufgaben mit einem Blatt und vergleiche diesen Teil der Aufgaben anschließend mit deiner jeweiligen Lösung der Aufgaben.

Beispiel 3:   Bei einem Tagesbedarf von 72 Blatt reicht der Bestand an Fotokopierpapier 90 Tage. Wie lange reicht der Vorrat, wenn der Tagesbedarf um die Hälfte steigt?

Beachte: Der Verbrauch steigt um die Hälfte, also von 72 Blatt um weitere 36 Blatt auf 108 Blatt. (Die Hälfte von 72 beträgt 36; 72 + 36 = 108 Blatt).

$$
\begin{array}{llll}
72\ \text{Blatt} & - & 90 & \text{Tage} \\
+\ 108\ \text{Blatt} & - & x & \text{Tage} \ -
\end{array}
$$

$$
x \quad = \quad \frac{90 \cdot 72}{108}
$$

$$
x \quad = \quad \textbf{60 Tage, Vorrat}
$$

Wenn der Tagesbedarf um die Hälfte steigt, dann reicht der Vorrat 60 Tage.

Beispiel 4:   Ein Zug benötigt für die Strecke von Düsseldorf nach Hamburg 3 Stunden und 24 Minuten, wenn er eine Durchschnittsgeschwindigkeit von 90 km/h einhält. Wie lange benötigt der Zug, wenn sich die bisherige Durchschnittsgeschwindigkeit um $1/5$ erhöht?

Beachte: Die Zeiteinheiten „Stunden" und „Minuten" müssen in eine gemeinsame Zeiteinheit umgewandelt werden. Hierbei stellt sich die entsprechende Umwandlung in Minuten als sinnvoll heraus. (3 Std. entspricht 180 Minuten; 180 + 24 = 204 Minuten. Die Steigerung der Durchschnittsgeschwindigkeit um $^1/_5$ entspricht $^{90}/_5. \implies$ 18 km/h; 90 + 18 = 108 km/h)

$$
\begin{array}{lll}
90 \text{ km/h} & - & 204 \quad \text{Minuten} \\
+ \underline{108 \text{ km/h}} & - & \underline{x \quad \text{Minuten}} -
\end{array}
$$

$$x = \frac{204 \cdot 90}{108}$$

$$x = \textbf{170 Minuten}$$

Gebe im Schlusssatz die Zeiteinheit in Stunden und Minuten an, da auch in der Aufgabenstellung diese Zeiteinheiten vorgegeben sind. (2Std. entspricht 120 min.; 120 + 50 = 170 min.)

Bei einer Erhöhung der Durchschnittsgeschwindigkeit um $^1/_5$ benötigt der Zug von Düsseldorf nach Hamburg 170 Minuten. Das entspricht **2 Stunden und 50 Minuten.**

Beispiel 5: Oma Lotte möchte gerne verreisen. Wenn sie pro Tag 9,75 EUR ausgibt, dann kommt sie mit ihrem Reisegeld 36 Tage aus. Als Rentnerin hat Oma Lotte die Zeit, um 36 Tage zu verreisen. Sie überlegt sich allerdings, wie lange sie verreisen kann, wenn sie täglich 13 EUR ausgibt. Wieviel Tage kann sie dann verreisen?

$$9{,}75 \text{ EUR} \quad - \quad 36 \text{ Tage}$$
$$+\,13{,}00 \text{ EUR} \quad - \quad x \text{ Tage} \,-$$

$$x \quad = \quad \frac{36 \cdot 9{,}75}{13}$$

Also: $\qquad x \quad = \quad$ **27 Tage**

Wenn Oma Lotte pro Tag 13 EUR ausgibt, dann kann sie nur noch **27 Tage** verreisen.

Du hast nun die unterschiedlichen Arten von Dreisatzaufgaben kennengelernt. Du hast gelernt, zwischen Aufgaben mit geradem und ungeradem Verhältnis zu unterscheiden. Wenn du etwas nicht verstanden hast, dann wiederhole nochmals diesen Abschnitt. Bedenke, dass die Aufgaben der Prozentrechnung i. d. R. über den Dreisatz gelöst werden. Im nachfolgenden Abschnitt werden wir uns nunmehr mit der Prozentrechnung vertraut machen.

6.   Die Prozentrechnung

6.1   Berechnung des Prozentwertes

Mit der Prozentrechnung wird ein **Vergleich unter-schiedlicher Größen** dargestellt. Die Bezugsgröße dieses Vergleichs nennt man Grundwert. Der Grundwert beinhaltet die Zahl 100 als Vergleichszahl. Demnach werden in der Prozentrechnung **ungleiche Größen durch die Vergleichszahl 100 vergleichbar** gemacht. In der Prozentrechnung unterscheidet man zwischen dem **Grundwert,** dem **Prozentwert** und dem **Prozentsatz.** Die Begriffsbestimmung und Berechnung der Größen ist jeweils nachfolgend beschrieben. Bei der Prozentrechnung sind immer zwei Größen gegeben, während die dritte Größe zu ermitteln ist. Die Aufgaben lassen sich in direkter Anlehnung an den Dreisatz mit geradem Verhältnis lösen oder nach der jeweils aufgeführten Formel, die man nach den gesuchten Größen auflöst.

☛ Der **Prozentwert** ergibt sich durch den Bezug des Prozentsatzes auf den Grundwert. Folgendes Beispiel soll dies verdeutlichen: Der Prozentwert von 1.200 EUR entspricht 20 : 100 von 6.000 EUR (1.200 EUR), somit $1/5$ (20 %) von 6.000 EUR (100 %).

<u>Beispiel 1:</u>	Ein EDV-Kaufmann hat ein monatliches Bruttoge-halt von 5.000 EUR. Er bekommt eine Gehaltserhö-hung von 4 %. Wieviel EUR beträgt die Erhöhung seines Bruttogehalts?

<u>Schritt 1:</u>   <u>In direkter Anlehnung an den Dreisatz:</u>

Stelle den Bedingungssatz und dann den Fragesatz auf. Schreibe die gleichen Einheiten jeweils unter-einander. Hier: Prozent unter Prozent und EUR un-ter EUR. Achte darauf, die Einheit, dessen Wert noch zu ermitteln ist, rechts zu platzieren, um die Reihenfolge der Rechenschritte korrekt vornehmen zu können, vom Wert x ausgehend, entgegen dem Uhrzeigersinn, beginnend mit der Division und da-nach mit der Multiplikation. Folglich:
$x = (5.000 : 100) \cdot 4.$

<u>Also:</u>

$$
\begin{array}{rcll}
100\ \% & - & 5.000 & \text{EUR} \\
-\ \ 4\ \% & - & x & \text{EUR}\ - \\[8pt]
4\ \% & = & \dfrac{5.000 \cdot 4}{100} &
\end{array}
$$

<u>Schritt 2:</u>

Mit der Division des DM-Wertes durch 100 % hast du den DM-Wert für 1 % ermittelt und mit dem antei-liegen Prozentwert multipliziert. Du kannst zwischen Bedingungssatz und Fragesatz noch eine weitere Satzaufstellung vornehmen, nämlich für die Ermitt-lung von 1 %. Obwohl das Bruttogehalt insgesamt steigt, ist der gesuchte Prozentwert nach Maßgabe von 4 % entsprechend kleiner (Je weniger – desto weniger) Nun wieder zur Aufgabe...

<u>Also:</u>   4 %   =   **200** EUR   (Auflösung des Bruchstrichs)!

In Anlehnung an die Formel für den Prozentwert:

Formel: Prozentwert = $\dfrac{\text{Grundwert} \cdot \text{Prozentsatz}}{100}$

$$x = \frac{5.000 \cdot 4}{100}$$

$$x = 200; \quad 4\,\% = \textbf{200 EUR}$$

Du kannst also die Lösungsschritte in der Prozentrechnung bei Anwendung der jeweiligen Formel verkürzen. Lediglich die Aufstellung des Bedingungssatzes und des Fragesatzes entfällt bei Anwendung der Formel. Finde für dich heraus, welche Rechenoperation du anwenden möchtest. Im Schulunterricht ist der Rechenweg meistens vom Lehrer vorgegeben.

Schritt 3.   Bilde nun den Schlusssatz zu dieser Aufgabe.

Die Erhöhung des Bruttogehalts des EDV-Kaufmanns beträgt 200 EUR.

6.2   Berechnung des Prozentsatzes

♦※ Der **Prozentsatz** gibt das größenmäßige Verhältnis zu 100 (Grundwert in %) an. Folgendes Beispiel soll dies verdeutlichen: Der Prozentsatz von 20 % entspricht 20 : 100, somit $^{1}/_{5}$ von 100 %.

Beispiel 1:	Der Listenpreis eines neuen PC-Monitors beträgt 950 EUR. Der Händler ist bereit, einen Nachlass von 76 EUR zu gewähren. Wieviel Prozent beträgt der Nachlass des Listenpreises?

Schritt 1:

In direkter Anlehnung an den Dreisatz:

Stelle den Bedingungssatz und dann den Fragesatz auf. Schreibe die gleichen Einheiten jeweils untereinander. Hier: EUR unter EUR und Prozent unter Prozent. Achte darauf, die Einheit, dessen Wert noch zu ermitteln ist, rechts zu platzieren.

Also:

$$950 \text{ EUR} \quad - \quad 100 \ \%$$
$$- \ 76 \text{ EUR} \quad - \quad x \ \% \ -$$

$$76 \text{ EUR} \quad = \quad \frac{100 \cdot 76}{950}$$

Schritt 2:

Löse nun den Bruchstrich auf.

$$76 \text{ EUR} \quad = \quad \mathbf{8\,\%}$$

In Anlehnung an die Formel für den Prozentsatz:

Formel: $\text{Prozentsatz} = \dfrac{\text{Prozentwert} \cdot 100}{\text{Grundwert}}$

$$x \quad = \frac{76 \cdot 100}{950}$$

$$x \quad = \mathbf{8\,\%}$$

Schritt 3:

Bilde nun den Schlusssatz zu dieser Aufgabe.

Der Nachlass des Listenpreises beträgt 8 %.

6.3   Berechnung des Grundwertes

☛ Der **Grundwert** ist der Wert, der mit 100 verglichen werden soll und ist daher immer gleich 100 %. Folgendes Beispiel soll dies verdeutlichen: Der Grundwert von 100 % entspricht der Grund- bzw. Gesamtsumme von 5.000 EUR.

Beispiel 1:   Der Preis eines Seat Ibiza ist um 720 EUR gestiegen. Das entspricht einer Preissteigerung von 3 %. Was kostete das Auto vor der Preissteigerung?

Schritt 1:   In direkter Anlehnung an den Dreisatz:

Stelle den Bedingungssatz und dann den Fragesatz auf und gehe wie hinsichtlich der beiden Lösungsansätze bereits mehrmals beschrieben vor.

Also:

$$
\begin{array}{rcl}
3 \ \% & - & 720 \ \ \text{EUR} \\
+ \ \underline{100 \ \%} & - & \underline{x \ \ \text{EUR}} \ + \\
100 \ \% & = & \dfrac{720 \cdot 100}{3}
\end{array}
$$

Schritt 2:   Löse nun den Bruchstrich auf.

$$100 \ \% \quad = \quad \textbf{24.000 EUR}$$

In Anlehnung an die Formel für den Grundwert:

Formel: Grundwert $= \dfrac{\text{Prozentwert} \cdot 100}{\text{Prozentsatz}}$

$$x = \frac{720 \cdot 100}{3}$$

$$x = 24.000 \text{ EUR}$$

Schritt 3:   Bilde nun den Schlusssatz zu dieser Aufgabe.

Das Auto kostete vor der Preissteigerung
24.000 EUR

6.4 Berechnung von Zinssätzen

In der Zinsrechnung ergeben sich wie bei der Prozentrechnung **verschiedene Grundgrößen.** So entspricht
das **Kapital** dem Grundwert, die **Zinsen** dem Prozentwert und der **Zinssatz** dem Prozentsatz. Allerdings
kommt in der Zinsrechnung noch die Berechnung von
Laufzeiten hinzu. Der Monat wird i. d. R. mit 30 Tagen
und ein Jahr mit 360 Tagen angesetzt.

Beispiel 1:   Wie hoch muss der Zinssatz sein, damit die Spareinlage von 500 EUR in 10 Monaten 25 DM Zinsen
bringt?

Schritt 1:   Stelle die entsprechende Formel für den Zinssatz
auf, setze dort die jeweiligen Werte ein und löse anschließend den Bruchstrich auf.

Formel: Zinssatz $= \dfrac{\text{Zinsen} \cdot 100 \cdot 360 \text{ Tage}}{\text{Kapital} \cdot \text{Tage}}$

$$p = \frac{25 \cdot 100 \cdot 360}{500 \cdot 300}$$

$$p = \mathbf{6\,\%}$$

Schritt 3:   Bilde nun den Schlusssatz zu dieser Aufgabe.

Der Zinssatz muss 6 % betragen, damit die Spareinlage von 500 EUR nach 10 Monaten 25 EUR Zinsen bringt.

Nun ergeben sich wie in der Prozentrechnung verschiedene Grundtypen von Aufgabenansätzen. Das Kapital entspricht dem Grundwert, usw. Hierzu vergleiche nochmals die Ausführungen auf Seite 49. Nachfolgend findest du die Formeln der Zinsrechnung. Setze je nach Aufgabenstellung die entsprechenden Werte in den Bruchstrich ein und löse den Bruchstrich anschließend auf. Mache jeweils eine Nebenrechnung, damit du immer eine Übersicht bzw. Kontrolle über den Lösungsweg hast.

Formel: Kapital (K) $= \dfrac{\text{Zinsen} \cdot 100 \cdot 360 \text{ Tage}}{\text{Zinssatzl} \cdot \text{Tage}}$

Formel: Zinssatz (p) $= \dfrac{\text{Zinsen} \cdot 100 \cdot 360 \text{ Tage}}{\text{Kapital} \cdot \text{Tage}}$

Formel: Zinsen (Z) $= \dfrac{\text{Zinssatz} \cdot 100 \cdot 360 \text{ Tage}}{\text{Kapital} \cdot \text{Tage}}$

Formel: Laufzeit (t) $= \dfrac{\text{Zinsen} \cdot 100 \cdot 360 \text{ Tage}}{\text{Kapital} \cdot \text{Zinssatz}}$

Die Angabe in Tagen kann auch in Monaten erfolgen. Statt 360 Tage also 12 Monate. Achte hierbei auf die Aufgabenstellung.

7. Promillerechnung

7.1 Promillewert

Mit der Promillerechnung wird – wie bei der Prozentrechnung – ein **Vergleich unterschiedlicher Größen** dargestellt. Auch bei der Promillerechnung wird die Bezugsgröße des Vergleichs als **Grundwert** bezeichnet. Jedoch geht es bei der Promillerechnung um die **Bestimmung kleiner Anteile.** Der Grundwert beinhaltet daher die **Zahl 1000 als Vergleichszahl.** Wie in der Prozentrechnung besitzt auch die Promillerechnung ihre eigenen Fachausdrücke. So lässt sich der **Promillewert** mit dem Prozentwert und der **Promillesatz** mit dem Prozentsatz der Prozentrechnung vergleichen. Auch der Rechenvorgang ist ähnlich. Lediglich die Vergleichszahl ist hier eine andere, nämlich die Zahl 1.000 als die Anzahl der tausendsten Teile einer gegebenen oder zu bestimmenden Größe.

✒ Der **Promillewert** ergibt sich durch den Bezug des Promillesatzes auf den Grundwert. Wenn man einen bestimmten Promillesatz vom Grundwert berechnet, so erhält man als Ergebnis den Promillewert, kurz **W.**

Beispiel 1:   Familie Becker hat ein neues Einfamilienhaus er-
worben und schließt für ihr neues Eigenheim eine
Feuerversicherung über 250.000 EUR ab. Die jähr-
liche Prämie für diese Versicherungssumme beträgt
3,6 ‰.

Du kannst die Aufgabe – wie bei der Prozentrechnung – entweder über den Dreisatz oder direkt über
die Formel lösen. Einfacher und kürzer ist sicherlich
der Weg über die Formel.

Schritt 1:   In direkter Anlehnung an die Formel für den Promillewert:

gegeben : p   = 3,6 ‰
                    G = 250.000 EUR
gesucht: **W**
Frage: Wie hoch ist die Jahresprämie?
Ansatz: Promilleformel

Schritt 2:   Formel: **Promillewert** = $\dfrac{\text{Grundwert} \cdot \text{Promillesatz}}{1000}$

kurz: $W = \dfrac{G \cdot p}{1000}$

$W = \dfrac{250.000 \text{ EUR} \cdot 3,6}{1000} = 900 \text{ EUR}$

Schritt 3:   Bilde nun den Schlusssatz zu dieser Aufgabe.

Die Jahresprämie beträgt **900 EUR.**

Beispiel 2:   Tobias wird Zeuge eines Unfalls. Die Alkoholkontrolle des Fahrers eines Opel Vectras ergab einen Blutalkoholspiegel von 3,2 ‰. Im Körper eines Erwachsenen fließen ca. 5,5 Liter Blut. Tobias überlegt, wie hoch die Alkoholmenge im Blut des Autofahrers in ml ist.

Schritt 1:   <u>In direkter Anlehnung an die Formel für den Grundwert:</u>

gegeben : p   = 3,2 ‰

G = 5,5 l = 5.500 ml

gesucht: **W**

Frage: Wie hoch ist der Blutalkoholspiegel in ml?

Ansatz: Promilleformel

Schritt 2: Formel: **Promillewert** = $\dfrac{\text{Grundwert} \cdot \text{Promillesatz}}{1000}$

kurz: $W = \dfrac{G \cdot p}{1000}$

$W = \dfrac{5.500 \text{ ml} \cdot 3,2}{1000} = 17,6 \text{ ml}$

Schritt 3:   Bilde nun den Schlusssatz zu dieser Aufgabe.

Der Autofahrer hatte **17,6 ml** Alkohol im Blut.

7.2   Promillesatz

💣 Der **Promillesatz** gibt das größenmäßige Verhältnis zu 1.000 (Grundwert in ‰) an. Der Promillesatz wird als Zähler des Bruches bezeichnet, kurz **p**. Den Nenner bezeichnet man als Bezugszahl 1.000.

Beispiel: Der Kaufpreis eines Einfamilienhauses mit Wintergarten und großzügig angelegter Gartenanlage beträgt 358.000 EUR. Der Makler berechnet für die Vermittlung dieses Immobiliengeschäftes seinem Kunden 3.043 EUR Provision.

Schritt 1:   In direkter Anlehnung an die Formel für den Promillesatz:

gegeben : G = 358.000 EUR

W = 3.043 EUR

gesucht: **p**

Frage: Mit welchem Promillesatz wurde die Provision berechnet?

Ansatz: Promilleformel

Schritt 2:   Formel: **Promillesatz** $= \dfrac{\text{Promillewert} \cdot 1000}{\text{Grundwert}}$

kurz: $p = \dfrac{W \cdot 1000}{G}$

$p = \dfrac{3.043 \text{ EUR} \cdot 1000}{358.000 \text{ EUR}} = 8,5 \text{ ‰}$

Schritt 3:   Bilde nun den Schlusssatz zu dieser Aufgabe.

Die Höhe der Provision beträgt **8,5 ‰**

7.3   Grundwert

💣 Der **Grundwert** ist der Wert, der mit 1.000 verglichen werden soll und daher immer gleich 1.000 ‰.
Demnach benennt uns 1‰ immer den tausendsten
Teil einer gegebenen Größe. Diese Größe entspricht
dem Grundwert, kurz **G.**

Beispiel: Herr Becker schließt, nachdem er für seine Familie
                       ein neues Eigenheim gekauft hat, sicherheitshalber
                       eine Lebensversicherung ab. Der Beitrag beträgt
                       monatlich 50 EUR, der Prämiensatz 12 ‰.

Schritt 1:   In direkter Anlehnung an die Formel für den Grundwert

             gegeben : p   = 12 ‰
                             W= 50 · 12 = 600 EUR (für 12 Monate)
             gesucht: **G**
             Frage: Wie hoch ist die Versicherungssumme?
             Ansatz: Promilleformel

Schritt 2:   Formel: **Grundwert** $= \dfrac{\text{Promillewert} \cdot 1000}{\text{Promillesatz}}$

             kurz: $G = \dfrac{W \cdot 1000}{p}$

                          $G = \dfrac{600\ \text{EUR} \cdot 1000}{12} = 50.000\ \text{EUR}$

Schritt 3:   Bilde nun den Schlusssatz zu dieser Aufgabe.

                       Die Versicherungssumme betr4ägt **50.000 EUR.**

8. Arithmetik und Algebra

8.1 Allgemeine Unterscheidung

Mathematik ist die Wissenschaft, die sich mit den gesetzmäßigen Beziehungen zwischen Zahlen oder räumlichen Gebilden beschäftigt. Man unterscheidet zwischen der **Kunst des Rechnens (Arithmetik)** und der **Kunst des Messens (Geometrie).** Die Arithmetik bezieht sich auf die Lehre vom Rechnen mit Zahlen. Mit Hilfe der Grundrechnungsarten lassen sich mit Zahlen unterschiedliche Rechenoperationen durchführen. Die Arithmetik umfasst als Zahlenlehre die Darstellung von Zahlenarten und –bereiche und ermöglicht das Rechnen mit Zahlen. Die **Algebra beschäftigt sich hauptsächlich mit Gleichungen.** Statt der Zahlen verwendet sie Buchstaben. Zweck einer Gleichung ist, bestimmte Zahlen (die Unbekannten) zu finden. Man unterscheidet zwischen zwei Arten von Gleichungen, und zwar zwischen Gleichungen und Ungleichungen.

💣 Als Lehre vom Rechnen mit Zahlen (Zahlenlehre) beschäftigt sich die Arithmetik mit den unterschiedlichen Zahlenarten und –bereichen sowie der Durchführung von Rechenvorgängen (vgl. S. 7 – 11, S. 13 – 18).

Mit der Definition des Begriffs der Arithmetik muss dir nunmehr deutlich geworden sein, dass du dich in den zurückliegenden Abschnitten bereits mit der Arithmetik beschäftigt hast. So hast du gelernt, zwischen natürlichen und ganzen Zahlen, Bruch- und Dezimalzahlen sowie zwischen Primzahlen und Primfaktoren zu unterscheiden. Auch hast du mit Hilfe der Grundrechnungsarten gelernt, unterschiedliche Rechenoperationen durchzuführen. Bist du sicher, bisher Gelerntes problemlos umsetzen zu können? Im Zweifelsfalle lese dir die jeweiligen Abschnitte nochmals durch und mache mindestens zwei weitere Übungen zu den unterschiedlichen Aufgabentypen.

8.2   Gleichungen

💣 Vorweg: In der Algebra rechnet man statt mit Zahlen mit Buchstaben. Diese Buchstaben können sowohl für natürliche Zahlen, Bruchzahlen als auch für andere reelle Zahlen stehen. Verbindet man die Buchstaben (wie die Zahlen) mit Rechenzeichen, so bezeichnet man diesen Rechenausdruck als **Term.** Hingegen bezeichnet man die einzelnen Buchstaben oder Zahlen als einfache **Terme.** Man nennt die in einem Term vorkommenden Buchstaben auch **Variable.** Die Zahl vor der Variablen nennt man Vorzahl oder **Koeffizient.** Man unterscheidet zwischen der Bestimmungsgleichung, der Verhältnisgleichung und der Produktgleichung. Die **Grundmenge** ist die Zahlenmenge, aus der x gewählt werden kann. **Die Lösungsmenge** hingegen ist die Menge aller Werte, die das Ergebnis der Gleichung bildet. Gleichungen werden gelöst, indem zur Lösung von Unbekannten (gesucht ist die Zahl x) die Gleichungen so umgeformt werden, dass nur noch der Wert x vor dem Gleichheitszeichen steht. Hieraus ergibt sich zugleich die Lösungsmenge (das Ergebnis) auf der anderen Seite des Gleichheitszeichen. Nachfolgend findest du jeweils ein Beispiel zur Verdeutlichung der einzelnen Begriffe:

Beispiel [Term]: $a + (b - c) : d;$ ohne Gleichheitszeichen

Beispiel [Terme]: $3a + (12a - 4b);$ Zahlen und Buchstaben innerhalb und außerhalb von Klammern

Beispiel [Variable]: $3a + (12a - 4b);$ Buchstaben innerhalb eines Terms

Beispiel [Koeffizient]: $3a + (12a - 4b);$ die Zahl vor der Variablen

Am Ende des Unterabschnitts Gleichungen findest du die Formeln und Lösungswege zu den jeweiligen Gleichungstypen (s. S. 55). Nun aber zu den Gleichungen mit natürlichen Zahlen:

Beispiel [x + a = b]: Zu welcher Zahl muss man 4 addieren, um als Ergebnis (Summe) den Wert 12 zu erhalten?

$$x + 4 = 12$$
$$x = 12 \quad -4 \text{ (4 über umgekehrtes Rechenzeichen auf die andere Seite bringen, damit x alleine steht}$$
$$\Rightarrow \text{ äquivalente Umformung)}$$
$$x = 8 \quad (12 - 4 = 8)$$

Beispiel [a + x = b]:   Welche Zahl muss man zu 4 addieren, um als Ergebnis (Summe) den Wert 12 zu erhalten?

$$4 + x = 12$$
$$x = 12 - 4$$
$$x = \mathbf{8}$$

Beispiel [x - a = b]:   Von welcher Zahl muss man 8 subtrahieren, um als Ergebnis (Differenz) den Wert 12 zu erhalten?

$$x - 8 = 12$$
$$x = 12 + 8$$
$$x = \mathbf{20}$$

Beispiel [a - x = b]:   Welche Zahl muss man von 20 subtrahieren, um als Ergebnis (Differenz) den Wert 12 zu erhalten?

$$20 - x = 12$$
$$x = 20 - 12 \quad \text{(Bei x als Subtrahend die Differenz 12 vom Minuend 20 abziehen)}$$
$$x = 8 \quad (20 - 12 = 8)$$
$$x = \mathbf{8}$$

Beispiel [x · a = b]:   Welche Zahl muss man mit 5 multiplizieren, um als Ergebnis (Produkt) den Wert 15 zu erhalten?

$$x \cdot 5 = 15$$
$$x = 15 : 5 \quad \text{(5 über umgekehrtes Rechenzeichen auf die andere Seite bringen, damit x alleine steht}$$
$$\Rightarrow \text{äquivalente Umformung)}$$
$$x = \mathbf{3} \quad (15 : 5 = 3)$$

Beispiel [a · x = b]:   Mit welcher Zahl muss man 3 multiplizieren, um als Ergebnis (Produkt) den Wert 15 zu erhalten?

$$
\begin{aligned}
3 \cdot x &= 15 \\
x &= 15 \quad : 3 \\
x &= \mathbf{5}
\end{aligned}
$$

Beispiel [x : a = b]:   Welche Zahl muss man durch 3 dividieren, um als Ergebnis (Quotient) den Wert 15 zu erhalten?

$$
\begin{aligned}
x : 3 &= 15 \\
x &= 15 \quad \cdot 3 \\
x &= \mathbf{45}
\end{aligned}
$$

Beispiel [a : x = b]:   Durch welche Zahl muss man 15 dividieren, um als Ergebnis (Quotient) den Wert 5 zu erhalten?

$$
\begin{aligned}
15 : x &= 5 \\
x &= 15 \quad : 5 \text{ (Bei x als Divisor den} \\
& \qquad\qquad \text{Dividend 15 durch den} \\
& \qquad\qquad \text{Quotient 5 teilen)} \\
x &= \mathbf{3} \qquad (15 : 5 = 3)
\end{aligned}
$$

Merke: Bei der Subtraktion sowie der Division von Gleichungen kehren sich die Rechenzeichen hinter dem Gleichheitszeichen nicht um, wenn der gesuchte Wert x als Subtrahend oder als Divisor steht!

Formeln zu den unterschiedlichen Gleichungstypen:

Addition:	$x + a = b$, Probe: $x = b - a$;	$a + x = b$, Probe: $x = b - a$
Subtraktion:	$x - a = b$; Probe: $x = b + a$;	$a - x = b$, Probe: $x = a - b$
Multiplikation:	$x \cdot a = b$; Probe: $x = b : a$;	$a \cdot x = b$, Probe: $x = b : a$
Division:	$x : a = b$; Probe: $x = b \cdot a$;	$a : x = b$, Probe: $x = a : b$

8.3 Gleichungen mit Klammern

💣 Oftmals steht der gesuchte Wert x in einer Klammer. Auch hier sollen alle bekannten Zahlen durch Umformungen hinter dem Gleichheitszeichen gebracht werden, sodass x alleine vor dem Gleichheitszeichen steht. Auf der gegenüberliegenden Seite (rechts) erhälst du dann die Lösungsmenge, z. B. x = 20; L = 20 (L = Lösungsmenge)

Beispiel 1:   Ich habe mir eine Zahl gedacht. Zu dieser Zahl habe ich 4 addiert. Die Summe habe ich mit 12 multipliziert. Der Wert 72 stellt das Ergebnis der Aufgabe dar. Welche Zahl habe ich mir gedacht?

$$
\begin{aligned}
(x + 4) \cdot 12 &= 72 \\
(x + 4) &= 72 : 12 \\
(x + 4) &= 6 \\
x + 4 &= 6 \quad -4 \\
x &= \mathbf{2}
\end{aligned}
$$

Beispiel 2:   Ich habe mir eine Zahl gedacht. Zu dieser Zahl habe ich 4 addiert. Die Summe habe ich mit 12 dividiert. Als Ergebnis erhalte ich den Wert 6. Welche Zahl habe ich mir gedacht?

$$
\begin{aligned}
(x + 4) : 12 &= 6 \\
(x + 4) &= 6 \quad \cdot 12 \\
(x + 4) &= 72 \\
x + 4 &= 72 \quad - 4 \\
x &= \mathbf{68}
\end{aligned}
$$

8.4　　Ungleichungen

◆※ Im Unterschied zur Gleichung beschreibt eine Ungleichung zwei nicht gleiche Terme. Daher steht bei einer Ungleichung an Stelle des Gleichheitszeichen eines der Zeichen

$<$ **kleiner als;** $>$ **größer als;** $\leq$ **kleiner oder gleich;**
$\geq$ **größer oder gleich.**

Zur Ermittlung der Lösungsmenge (L) ist die Ungleichung so umzuformen, bis der gesuchte Wert x allein auf der linken Seite steht. Zwar ist dies (x auf der linken Seite) nicht zwingend, aber wenn es die Aufgabenstellung ermöglicht, sollte der Wert x aus Gründen der Einheitlichkeit dennoch auf der linken Seite der Ungleichung stehen. Für Ungleichungen gelten eigene Umformungsregeln. So bleibt das **Größer-Kleiner-Zeichen** erhalten, wenn auf beiden Seiten eine Zahl oder eine Variable addiert oder subtrahiert wird. Bei der Multiplikation bleibt das Größer-Kleiner-Zeichen ebenfalls erhalten, wenn beide Seiten mit einer positiven Zahl multipliziert oder durch diese Zahl dividiert werden. Anders ist es bei der Division. Hier verkehrt sich das Größer-Kleiner-Zeichen (es dreht sich um), wenn beide Seiten mit einer negativen Zahl multipliziert oder durch diese Zahl dividiert werden. Hinsichtlich der Division bezeichnet man die Umformungsregel auch als Inversionsregel.

Beispiel zur Addition:
$$4 < 12 \quad | + 6$$
$$4 + 6 < 12 + 6$$
$$12 < 18$$

Beispiel zur Subtraktion:
$$4x > 12 + x \quad | - x$$
$$4x - x > 12 + x - x$$
$$x > 12$$

Beispiel zur Multiplikation:
$$4 < 12 \quad | \cdot 4$$
$$4 \cdot 4 < 12 \cdot 4$$
$$16 < 48$$

Beispiel zur Division:
$$4 < 12 \quad | \cdot (-4)$$
$$4 \cdot (-4) > 12 \cdot (-4)$$
$$16 > -48$$

Im Allgemeinen werden bei Ungleichungen mehrere Werte bzw. Zahlen gesucht. Es ist nun deine Aufgabe, diese gesuchten Zahlen zur bereits angesprochenen Lösungsmenge zusammenzufassen. Nachfolgend findest du jeweils ein Beispiel zur Darstellung der Lösungsmenge zu den Zeichen

$<$ kleiner als; $>$ größer als; $\leq$ kleiner oder gleich; $\geq$ größer oder gleich.

Beispiel zu [$<$]
$$x < 12$$
$$L = \{0; 1; 2; 3; 4; 5; 6; 7; 8; 9; 10; 11\}$$

In dieser Ungleichung werden alle natürlichen Zahlen gesucht, die kleiner als 12 sind und in der Lösungsmenge zusammengefasst.

Beispiel zu [>] $x > 12$
                      $L = \{13; 14; 15; 16; 17\ldots\}$

In dieser Ungleichung werden alle natürlichen Zahlen gesucht, die größer als 12 sind. Da diese Ungleichung unendlich viele Zahlen (Elemente) hat, werden lediglich die ersten vier bis fünf Zahlen in der Lösungsmenge zusammengefasst und für die übrigen Zahlenwerte drei aufeinander folgende Punkte gesetzt.

Beispiel zu [≤] $x \leq 12$
                      $L = \{0; 1; 2; 3; 4; 5; 6; 7; 8; 9; 10; 11; 12\}$

In dieser Ungleichung werden alle natürlichen Zahlen gesucht, die kleiner als 12 oder gleich sind in der Lösungsmenge zusammengefasst

Beispiel zu [≥] $x \geq 12$
                      $L = \{12; 13; 14; 15; 16\ldots\}$

In dieser Ungleichung werden alle natürlichen Zahlen gesucht, die größer als 12 oder gleich sind. Da diese Ungleichung unendlich viele Zahlen (Elemente) hat, werden lediglich die ersten vier bis fünf Zahlen in der Lösungsmenge zusammengefasst und für die übrigen Zahlenwerte drei aufeinander folgende Punkte gesetzt.

Selbstverständlich ist die mathematische Umsetzung von Gleichungen und Ungleichungen i. d. R. nicht von derart einfacher Bauart wie in diesem Buch zur besseren Veranschaulichung für Einsteiger beschrieben. Wenn du aber das Prinzip der Umformungen verstanden hast, dann wirst du keine Probleme haben, Gleichungen oder Ungleichungen mit mehreren Zahlen und Grundrechnungsarten zu lösen.

Halte dich daran, jede Zahl oder jede aufzulösende Klammer erst einmal für sich allein zu sehen. Gehe hierbei systematisch vor! Das bedeutet, dass du für jede Zahl und für jede Klammer die Umformungen so vornimmst, wie du es in den vorausgegangenen Abschnitten gelernt hast. Zur Ermittlung der Unbekannten bzw. der Lösungsmenge ist die Gleichung bzw. Ungleichung unter Beachtung der jeweiligen Rechengesetze so lange umzuformen, bis der Wert x allein auf der linken Seite steht.

Nachfolgend findest du noch einige Beispiele zu den Ungleichungen, in denen jeweils der Lösungsweg zur Ermittlung der Lösungsmenge aufgeführt ist.

Nun noch ein Tipp: Manchmal kann es schwierig sein, die Lösungsmenge einer Ungleichung sofort zu erkennen. In solchen Fällen ist es sinnvoll, die Aufgabe erst als Gleichung zu lösen, um so die Lösungsmenge der Ungleichung zu erhalten. Dies hat zudem den Vorteil, dass die Richtigkeit des Ergebnisses der Aufgabe (Größe der Lösungsmenge) nachvollziehbar bleibt.

Beispiel zu [$<$] $x + 4 < 12$

$$x + 4 = 12$$
$$x = 12 - 4$$
$$x = 8$$
$$L = \{0;\ 1;\ 2;\ 3;\ 4;\ 5;\ 6;\ 7\}$$

Denn: Bedenke, dass das Ergebnis der Gleichung hier nicht identisch mit der Lösungsmenge der Ungleichung ist., weil nicht 8 + 4 = 12 gesucht ist. Die Die Werte rechts und links des Gleichheitszeichens sind lt. Aufgabenstellung nicht gleich, da der Wert auf der rechten Seite des Gleichheitszeichen lt. Aufgabenstellung kleiner als 12 ist. Kleiner als 12 ist in diesem Falle der Wert bzw. die Zahl 11. Folglich ist x die Zahlenmenge **bis** 7; Denn: 7 + 4 = 11 (7 + 4 $<$ 12; also L von 0 bis 7).

Beispiel zu [>]	$x + 6 > 12$

$$x + 6 = 12$$
$$x = 12 - 6$$
$$x = 6$$
$$L = \{7; 8; 9; 10; 11 \ldots\}$$

Denn:	Auch hier ist das Ergebnis der Gleichung nicht identisch mit der Lösungsmenge der Ungleichung, weil nicht 6 + 6 = 12 gesucht ist. Denn die Werte rechts und links des Gleichheitszeichens sind lt. Aufgabenstellung nicht gleich, da der Wert auf der rechten Seite des Gleichheitszeichen lt. Aufgabenstellung größer als 12 ist. Größer als 12 ist in diesem Falle der Wert bzw. die Zahl 13. Folglich ist x die Zahlenmenge **ab** 7; Denn: 7 + 6 = 13 (7 + 6 > 12; also L von 7 bis ...).

Beispiel zu [<]	$6 - x < 4$

$$6 - x = 4$$
$$x = 6 - 4$$
$$x = 2$$
$$L = \{3; 4; 5; 6\}$$

Denn:	Bedenke, dass das Ergebnis der Gleichung hier nicht identisch mit der Lösungsmenge der Ungleichung ist., weil nicht 6 - 2 = 4 gesucht ist. Die Die Werte rechts und links des Gleichheitszeichens sind lt. Aufgabenstellung nicht gleich, da der Wert auf der rechten Seite des Gleichheitszeichen lt. Aufgabenstellung kleiner als 4 ist. x ist die Zahlenmenge **ab** 3 bis 6. Denn: 6 – 3 = 3; 6 – 4 = 2; 6 – 5 = 1; 6 – 6 = 0. Das Ergebnis ist also jeweils kleiner als 4.

Beachte: Beim Weg über die Gleichung nicht vergessen, die Lösungsmenge lt. Aufgabenstellung für die Ungleichung zu bilden!

9. Extra für Schüler

9.1 So lernt man lernen

Durch "richtiges" Lernen lassen sich schließlich auch die ersten Lernerfolge aufweisen. Was aber heißt überhaupt "Lernen"? Hier wird zwischen zwei allgemein gültige Definitionen unterschieden.

Definition 1 ⇨ Lernen für das "Leben"!

"Die Veränderung des Verhaltens oder das Entstehen eines neuen Verhaltens, das aus Erfahrung und Übung erwachsen ist, wird als "Lernen" bezeichnet."

Definition 2 ⇨ Lernen für die "Schule"! (schulisches Lernen)

"Das Verstehen, Üben, Behalten und Anwenden von zuvor nicht gekannten Vorgaben bzw. Aufgaben wird als Lernen bezeichnet."

Das Kennenlernen der zuvor beschriebenen Definitionsmöglichkeiten soll helfen, für sich selbst die Antwort auf das "richtige" Lernen in Bezug auf "schulisches" Lernen zu finden. Hieran knüpft schließlich die Frage, wie sich erfolgreiches Lernen unter dem Gesichtspunkt von "Lernen für die Schule" erzielen lässt. Die nachfolgend aufgeführten Thesen und Tipps

orientieren sich demnach ganz bewusst an den Be-
dürfnissen des schulischen Lernens.

Wie kann man erfolgreich lernen?

Tipp 1:   Lerne zu festgelegten Zeiten. So
werden bestimmte Tageszeiten bzw.
Stunden von selbst zu Reizauslösern
für anstehende Lernphasen. Mache
dich innerhalb von Lernphasen "frei"
von äußeren Einflüssen. Übe eine
gewisse Zeitdisziplin. Zwinge dich
aber nicht. Wenn du einmal lustlos
bist, so versuche am nächsten Tag zur
gleichen Zeit (allerdings in doppelter
Zeit) versäumte Lernphasen nachzu-
holen.

Tipp 2:   Lerne an einem festen Lernplatz.
Dieser Platz wird somit Reizauslöser
für bevorstehende Lernvorgänge. Ein
Platz, eigens zur Erledigung von
schulischen Lernvorgängen, schafft
eher eine motivierende Atmosphäre.

Tipp 3: Die zu lange Beschäftigung mit ein und demselben Lernstoff ermüdet und mindert die Konzentration. Bessere Lernerfolge lassen sich hier durch kürzere und dafür häufigere Lernphasen erzielen. Lege also etwa nach einer halben Stunde eine Pause von fünf Minuten und nach einer Stunde von zehn Minuten ein. Verlasse während der Pausenzeit deinen Lernplatz, um dich vom Lernstoff abzulenken.

Tipp 4: Lerne mit "individuellen Lerntricks". Beteilige möglichst viele Sinne am Lernprozess. Visuelle Hilfen wirken unterstützend (Fotos, Zeichnungen, Filme, Tafelbilder, farblich markierte Hervorhebungen im Lern-/Arbeitsheft) bei der Bewältigung von Lernprozessen und auf das Gedächtnis bzw. das Erinnerungsvermögen. Zudem wird der Wiedererkennungseffekt "im Kopf" geschult und schließlich gesteigert.

Tipp 5: Verteile Wiederholungen über längere Zeiträume. Dies bringt mehr Nutzen als zahlreiche unmittelbar aufeinander folgende Wiederholungen. Hierbei sollte die erste Wiederholung möglichst früh nach dem Lernen erfolgen. Benutze ggf. eine Lernkartei.

Tipp 6: Gliedere den Lernstoff nach logischer Zugehörigkeit bzw. in Teilabschnitte. Das verschafft einen besseren Überblick über das Stoffgebiet, erhöht die Einsicht in Zusammenhänge und erleichtert das Lernen von Details.

Tipp 7: Setze dir Teilziele. Der Lernstoff wird somit überschaubarer und schafft zudem frühzeitige Erfolgserlebnisse, die zusätzlich motivierend wirken.

Tipp 8: Gönne dir regelmäßige Pausen. Auch das Gehirn muss die Gelegenheit erhalten, den Lernstoff zu "verdauen". Pausen sind um so mehr sinnvoller, je mehr sie sich von den einzelnen Lernstoffbereichen unterscheiden. Mache z. B. zwischen

Mathematik und dem Fach Deutsch eine Pause von fünf bis zehn Minuten. Die erste Pause nach Lernbeginn erfolgt etwa nach 30 Minuten für fünf Minuten und nach 60 Minuten für zehn Minuten. Die Pausenzeiten sollten danach alle 30 bis 45 Minuten für weitere fünf Minuten erfolgen und zwischen inhaltlich unterschiedlichen Lernstoffbereichen für etwa zehn Minuten.

Tipp 9: Du kannst Gelerntes um so besser behalten, je mehr Verbindungen bzw. Verknüpfungen mit schon Bekanntem von dir hergestellt werden können. So gibt es in den einzelnen Lernstoffbereichen oftmals Parallelen zum bereits Gelernten.

Tipp 10: Suche dir einen "Sozialpartner", der bereit ist, dich "abzufragen". Er sollte auch in der Lage sein, sich lobend über dich zu äußern, wenn du deine Sache gut gemeistert hast. Lern-Verhaltensweisen lassen sich fördern, wenn sie durch Belohnung und durch Erfolge sowohl am Lernplatz als auch in der Schule bekräftigt werden. Sei aber ebenfalls bereit, deinen "Sozialpartner" zu unterstützen. Somit lässt sich Gelerntes weiter festigen.

Viel Erfolg!